AF495504

PROJET
DE
PÉTITION,

DEMANDANT

L'APPEL AU PEUPLE

POUR L'ABROGATION DES ART. 45 ET 111 DE LA CONSTITUTION,

PAR

ADRIEN FELINE.

PARIS,

GARNIER FRÈRES, LIBRAIRES,

AU PALAIS-NATIONAL.

1851.

Paris. — Typographie de Firmin Didot frères, rue Jacob, 56.

PÉTITION

A MONSIEUR

LE PRÉSIDENT DE LA RÉPUBLIQUE

ET A MESSIEURS

LES REPRÉSENTANTS.

Monsieur le Président et MM. les Représentants,

Les soussignés, désirant éviter au pays les dangers qui le menacent, et rendre à la nation sa liberté d'action, par l'abrogation des art. 45 et 111 de la Constitution, ont l'honneur de vous prier de faire ouvrir dans toutes les communes des registres où seront consignés les votes des électeurs, qui se prononceront pour la suppression ou le maintien de ces articles (1).

MÉMOIRE A L'APPUI DE CETTE PÉTITION.

La France voit avec inquiétude approcher le moment où toutes les passions vont être mises en jeu

(1) On engage les personnes qui approuveraient cette pétition, à en faire des copies, à les faire signer par le plus grand nombre possible d'électeurs, et à les adresser à l'Assemblée.

pour influencer les sept millions d'électeurs qui auront à nommer le Président de la République. Elle se demande si alors ne surgiront pas des difficultés inextricables, des dangers réels, des conflits sanglants.

Déjà le parti dont la loi a diminué les chances, en retranchant du nombre des votants les petits escrocs, les mendiants et les personnes non établies, prépare une insurrection pour le moment de l'élection; il veut essayer de violer le sanctuaire électoral. Il faut espérer qu'une répression sévère contre ceux qui excitent à ces violences, et contre ceux qui les tenteraient, nous fera surmonter ce danger. Mais il faut aussi l'union des amis de l'ordre, et éviter de donner des prétextes. Il est un autre danger non moins réel et plus difficile à éviter; il provient de ce que des électeurs, en grand nombre, veulent porter leurs voix sur le Président actuel, malgré l'art. 45 de la Constitution, qui l'interdit. Vainement on leur dira qu'ils ne le peuvent: les hommes généralement peu lettrés aux mains desquels on a remis la souveraineté ne sauraient comprendre comment on a pu mettre une telle entrave à l'exercice de cette souveraineté, que l'art. 1er de la Constitution déclare *imprescriptible* et *inviolable*; comment, en les appelant à choisir le chef de l'État, on leur interdit de nommer celui qu'ils ont pu le mieux connaître, celui qui réunit le plus de sympathies. On leur permet bien de nommer législateurs des hommes perdus de dettes, des hommes placés sous le coup de jugements exécutoires. Ceux qui ont transgressé la loi, qui sont frappés par elle, peuvent être appelés en grand nombre à la refaire; et celui qui l'a maintenue, qui l'a fait exécuter, ne peut être réélu! Cette inconséquence blesse leur conscience et leur raison; elle frappe surtout le bon sens des masses, qui ne demandaient pas le suffrage, qui le considèrent comme une charge.

Ce qui arrive est d'ailleurs la conséquence nécessaire du suffrage universel. Les classes éclairées peuvent bien avoir le respect d'une loi de convention, soit par conscience, soit par prudence; elles peuvent choisir un Président en raison de son talent ou de ses opinions; mais ces millions d'électeurs qui n'ont pas lu les discours de nos grands orateurs, ignorent nos hommes d'État, et ne sauraient choisir parmi eux. Les noms historiques peuvent seuls attirer leurs sympathies : ils les porteront à raison de leur signification, et toujours ils nommeront des princes, à moins qu'ils ne se livrent à des charlatans.

Mais qu'est-il besoin de chercher et d'expliquer les motifs? ce qui importe, c'est le fait; c'est que la grande majorité des électeurs nommera encore Louis-Napoléon. Qu'arrivera-t-il en présence des nombreux bulletins qui porteront ce nom? Un premier danger dans chaque localité où se réunira un collége; car les électeurs écartés par la loi ne demanderont qu'un prétexte pour provoquer des troubles, et les partis pourront en venir aux mains. Voudra-t-on annuler ces bulletins? Mais il faudra les compter, les joindre aux procès-verbaux. Quoi que l'on fasse, ils parleront bien haut, ne serait-ce que par leur absence; et lorsqu'il sera reconnu, comme on n'en peut douter, qu'ils forment la majorité, pourra-t-on les anéantir en vertu de l'art. 45 et malgré l'art. 1er? Non, l'Assemblée législative sera bien forcée de faire ce qu'a fait la Constituante, malgré ses sentiments et malgré la loi, lorsque des départements ont choisi pour représentant le même Louis-Napoléon. Et si l'Assemblée résistait et voulait la stricte exécution de la Constitution, ce ne seraient plus des troubles seulement, ce serait la guerre civile.

Il faut encore observer que ce n'est pas le fait en lui-même qui serait à regretter; car, hormis des hommes emportés par la passion ou l'esprit de parti, on reconnaît que tout autre Président aurait au moins commis autant de fautes; que, d'un autre côté, ceux qui ne voudraient pas sa réélection sont dans l'impossibilité de présenter un candidat qui puisse réunir un nombre raisonnable de suffrages. Ce qui serait fâcheux, ce serait la violation de la Constitution, et il n'est qu'un moyen de l'éviter : c'est d'imiter Mahomet allant à la montagne qui refusait de venir à lui; c'est d'aller au-devant des vœux des électeurs, c'est d'abaisser la loi devant leur volonté souveraine, d'annuler l'art. 45.

Annuler l'art. 45, c'est modifier la Constitution : or, on sait que les constituants ont, dans l'art. 111, posé de telles difficultés à la révision de leur œuvre, qu'elle est actuellement impossible, en suivant la marche indiquée. Il existe dans l'Assemblée une minorité compacte de plus du quart, qui a constitutionnellement le droit de faire la loi au pays, et qui ne lui concédera jamais l'abrogation de l'art. 45.

Heureusement qu'il est un pouvoir supérieur à l'Assemblée et à la Constitution, et qu'on peut en appeler à lui, ainsi que l'a fait le Premier Consul, sans que jamais on le lui ait reproché. Ce pouvoir, c'est celui de la nation, directement représentée par les électeurs.

Qui pourrait contester le droit de la nation? Ce ne sont pas ceux qui ont écrit dans la Constitution que la souveraineté nationale est *inaliénable* et *imprescriptible ;* ce ne sont pas ceux qui invoquent le *droit national*, ni ceux qui prennent pour point de départ la *souveraineté du peuple.* Le droit existe donc, et il doit prévaloir quand la majorité se prononce. Peu importe ensuite qui prend l'initiative. En droit, tout le monde peut provoquer les électeurs à émettre une opinion; mais en fait, le pouvoir exécutif, qui a des agents dans toutes les communes, peut seul le faire avec ensemble et recueillir assez de votes. On ne peut sans doute s'adresser aux électeurs que dans des circonstances rares, que lorsque le mandat qu'ils ont donné est insuffisant. On ne peut pas, comme on l'avait proposé, leur demander s'ils veulent la monarchie ou la république; car, avant de répondre, chacun dirait : Quelle monarchie? quelle république?

Mais on peut parfaitement leur poser cette question : *Voulez-vous abroger ou maintenir tel article de la Constitution?*

Maintenant, si le droit des électeurs existe, si le pouvoir exécutif peut les inviter à en faire usage, il serait préférable, pour l'exercice d'un droit si exceptionnel, qu'il y eût accord des deux grands pouvoirs de l'État; et ce ne serait qu'en cas de refus de la part du pouvoir législatif que le pouvoir exécutif devrait prendre seul l'initiative. La nation gémit profondément des dissensions qui existent entre ces pouvoirs. La révision de la Constitution serait pour eux une heureuse occasion de rapprochement.

Cette révision ne se bornerait pas, d'ailleurs, à l'art. 45; car si les masses ne s'inquiètent que du pouvoir exécutif, si chaque parti ne voit de solution que dans l'avénement de son candidat, les hommes de sens s'effrayent surtout d'une Constitution vicieuse et dangereuse à tous égards.

Abordant la question de la révision générale, on se demande aussitôt dans quel esprit et de quelle manière on y devra procéder. Faudra-t-il reprendre et débattre tous les articles de la Constitution pour en faire une nouvelle, ou ne suffirait-il pas d'abroger l'art. 111?

Les constitutions étant œuvres humaines, seront toujours défectueuses; elles seront empreintes de l'esprit de l'époque, et ne conviendront plus après peu d'années. Il est donc nécessaire qu'elles puissent être modifiées. On concevait l'immuabilité d'une charte octroyée par un pouvoir de droit divin, d'une charte comme celle de 1814, qui était un véritable traité entre la nation et le roi. Mais aussitôt que l'on proclame et reconnaît la souveraineté nationale, la nation ne stipule plus avec personne ; elle ne peut donc s'engager, car on ne s'engage pas envers soi-même.

Nous savons bien que certains hommes soutiennent que la République établie par l'émeute est, comme le droit divin, supérieure et antérieure à la volonté nationale, et qu'à raison de ce principe ils ont pu rendre leur Constitution immuable. Cette prétention de se faire borne est par trop singulière chez des hommes qui prenaient le progrès pour devise. Ils doivent, sous peine d'être déclarés inconséquents, reconnaître le droit imprescriptible du peuple français de modifier ses lois, et ne pas fermer la porte au progrès.

Les conservateurs, d'un autre côté, doivent reconnaître que l'immobilité n'est pas la stabilité ; que nous avons eu bien des constitutions depuis soixante ans ; que toutes ont péri violemment en attirant sur le pays des révolutions qu'on aurait pu éviter en accordant davantage à l'opinion du jour.

Le grand tort de nos constituants de 1848, ce n'est pas tant d'avoir fait une Constitution défectueuse ; il ne pouvait en être autrement dans un temps de révolution, et lorsque l'anarchie et l'irrésolution étaient dans tous les esprits : leur tort a été de faire une Constitution véritablement immuable par les exigences de l'art. 111, au lieu d'une base perfectible, à laquelle la volonté nationale apporterait successivement, par ses représentants, les modifications exigées par les circonstances. Cet article a aliéné pour quatre ans la souveraineté nationale; il a pour toujours soumis la majorité à la minorité; il a donné prétexte à l'insurrection; il empêche d'assurer l'avenir de la France.

Une fois bien reconnu que le but à atteindre est bien moins de refaire une Constitution à nouveau que de rendre celle actuelle perfectible par l'abrogation de l'art. 111, il est facile de démontrer que, quand bien même on pourrait réunir les trois quarts des voix, ce ne serait pas à une Constituante nouvelle qu'il faudrait en appeler. Supposons, en effet, que l'Assemblée législative, subissant la triple trilogie, ait trois fois voté, en trois mois, à la majorité des trois quarts, la convocation d'une Constituante; supposons que la France, après le plus pénible enfantement, ait nommé neuf cents constituants, et que ceux-ci sont réunis. Peut-on croire qu'aussitôt constitués ils vont voter l'abrogation de l'art. 111, dont ils sont issus, puis s'en retourner chez eux? Non; ce serait trop exiger de la vertu humaine. Chacun se croira les meilleures intentions, les meilleures idées, et voudra les faire prévaloir; chacun voudra coopérer à la grande œuvre de la révision complète. Vainement leur dira-t-on que c'est trop peu de trois mois, que c'est trop de neuf cents discutants; on s'échauffera au travail, et l'on bâclera une Constitution telle quelle. Puis, voulant assurer le plus de durée possible à sa création, la Constituante y ajoutera encore un art. 111. Peut-être aussi les constituants seront-ils un peu poussés dans cette voie par le désir fort naturel de jouir pendant trois mois des douceurs de la vie de Paris, avec tous les agréments qui accompagnent le mandat. C'est une chose laborieuse que de se faire élire, on peut bien y chercher quelques dédommagements.

Mais puisqu'il s'agit, non pas de faire, mais de défaire, les électeurs sont parfaitement aptes à voter eux-mêmes, et il est inutile d'agiter le pays par une élection-monstre et par l'attente d'une Constitution nouvelle; il est inutile d'augmenter les frais de représentation, lorsqu'on peut mieux atteindre le but en ouvrant des registres dans les communes.

Par l'abrogation des art. 45 et 111 on lèvera des entraves mises à la souveraineté nationale, on donnera au Président une juste satisfaction en le déclarant rééligible, on montrera une grande confiance à la représentation en augmentant ses pouvoirs.

Si l'opinion publique a vivement réprouvé les priviléges que voulait s'attribuer l'Assemblée, ce n'est pas qu'on entendît l'amoindrir, c'est seulement qu'on voulait la distinction bien nette des pouvoirs. Ceux-là même qui ont trouvé qu'il y avait trop d'ambition et de passion dans quelques actes de l'Assemblée, ont néanmoins assez de confiance dans le patriotisme de ses membres pour ne pas craindre d'augmenter sa puissance, bien convaincus qu'ils sont qu'ils en useront avec réserve, et qu'ayant tout le temps nécessaire, elle n'agirait qu'avec maturité, laissant à la législature prochaine l'accomplissement des plus grandes réformes.

Nota. Il vient de paraître une brochure de M. Ed. Laboulaye, qui démontre que l'art. 111 de la Constitution est inconstitutionnel, par conséquent nul de plein droit; qu'il ne lie ni la nation ni l'Assemblée, et que celle-ci, sans s'arrêter à cet article, doit décréter la révision de la Constitution à la simple majorité et dans les formes qu'elle jugera convenables.

Sur le premier point, l'opinion de M. Laboulaye semble tout à fait fondée. L'art. 111 n'est pas seulement une négation de l'art. 1er, mais encore un attentat contre la souveraineté nationale. Il n'est pas douteux que l'art. 1er, qui proclame le principe fondamental de nos libertés, doit l'emporter sur l'art. 111, qui est purement réglementaire. Si donc l'Assemblée n'avait pas d'autre moyen de se prononcer, elle devrait annuler l'art. 111, car s'y renfermer et ne rien faire, ce n'est pas, comme on le prétend, rester dans la Constitution et la légalité, c'est violer l'art. 1er, le plus essentiel de cette Constitution. Et, n'en déplaise à beaucoup de caractères passifs, lorsque l'on a accepté le pouvoir, on répond de son inaction comme de ses actions.

Mais M. Laboulaye me semble avoir tort de pousser l'Assemblée, qui n'est que mandataire, à étendre elle-même son mandat, quand elle peut consulter son mandant, quand elle peut le faire avec moins de trouble et d'agitation dans le pays que si elle décrétait l'élection d'une Constituante.

Il est bien certain qu'un mandataire doit, dans un moment de péril, sauver son mandant à tout prix, même en dépassant les termes de ses pouvoirs, surtout lorsque ces pouvoirs n'ont pas été rédigés par le mandant, lorsqu'il est bien évident que celui-ci n'avait pas l'intention de restreindre le mandat. Mais, ici, on a le temps et les moyens d'interroger le mandant; il faut donc recourir à lui.

AD. FELINE.

www.ingramcontent.com/pod-product-compliance
Ingram Content Group UK Ltd.
Pitfield, Milton Keynes, MK11 3LW, UK
UKHW021020220726
13924UKWH00001B/99